Deberes cívicos
Trabajar juntos

Shirin Shamsi

Asesoras de contenido

Cheryl Norman Lane, M.A.Ed.
Maestra
Distrito Escolar Unificado del Valle de Chino

Jennifer M. Lopez, M.S.Ed., NBCT
Coordinadora superior, Historia/Estudios sociales
Escuelas Públicas de Norfolk

Asesoras de iCivics

Emma Humphries, Ph.D.
Directora general de educación

Taylor Davis, M.T.
Directora de currículo y contenido

Natacha Scott, MAT
Directora de relaciones con los educadores

Créditos de publicación

Rachelle Cracchiolo, M.S.Ed., *Editora*
Emily R. Smith, M.A.Ed., *Vicepresidenta de desarrollo de contenido*
Véronique Bos, *Directora creativa*
Dona Herweck Rice, *Gerenta general de contenido*
Caroline Gasca, M.S.Ed., *Gerenta general de contenido*
Fabiola Sepulveda, *Diseñadora gráfica de la serie*

Créditos de imágenes: págs.6–9 Ana Sebastian; pág.12 Library of Congress [LC-USZ6-656]; pág.13 (superior) Library of Congress [LC-DIG-ppmsca-23661]; pág.14 U.S. National Archives; pág.15 Bettman/Getty Images; pág.17 Peter Newark American Pictures/Bridgeman Images; pág.20 David Hume Kennerly/ Getty Images; pág.21 Getty Images/Mark Wilson; pág.23 (superior) Fabiola Sepulveda; pág.24 Zuma Press/Alamy; pág.25 (superior) Farooq Naeem/AFP/ Gettyimages; todas las demás imágenes cortesía de iStock y/o Shutterstock.

Library of Congress Cataloging-in-Publication Data

Names: Shamsi, Shirin, author. | iCivics (Organization)
Title: Deberes cívicos : trabajar juntos / Shirin Shamsi.
Other titles: Civic duty. Spanish
Description: Huntington Beach, CA : Teacher Created Materials, 2022. |
  "iCivics"--Cover. | Audience: Grades 2-3 | Summary: "Everyone has a
  civic duty. It is a responsibility of all citizens. When they serve
  their communities, they can improve things. When everyone works
  together, we can all learn from each other. When people fulfill their
  civic duties, everyone benefits"-- Provided by publisher.
Identifiers: LCCN 2021039573 (print) | LCCN 2021039574 (ebook) | ISBN
  9781087622781 (paperback) | ISBN 9781087624105 (epub)
Subjects: LCSH: Civics--Juvenile literature. | Responsibility--Juvenile literature.
Classification: LCC JK1759 .S5318 2022 (print) | LCC JK1759 (ebook) | DDC 323.6/50973--dc23
LC record available at https://lccn.loc.gov/2021039573
LC ebook record available at https://lccn.loc.gov/2021039574

5482 Argosy Avenue
Huntington Beach, CA 92649-1039
www.tcmpub.com
ISBN 978-1-0876-2278-1
© 2022 Teacher Created Materials, Inc.

Contenido

¿Qué son los deberes cívicos?

¿Alguna vez has visto un tapiz? Los tapices suelen tener muchos colores y texturas. Los hilos están unidos, punto por punto. Cuando esos hilos se entretejen, se convierten en una obra de arte.

Los deberes cívicos son parecidos a los tapices. Son las responsabilidades que tiene cada persona para con toda la comunidad. Al igual que los hilos de un tapiz, las personas se juntan para servir a su comunidad. Pueden servir en un jurado y ayudar a tomar decisiones judiciales. Pagan impuestos. Pueden votar. Pueden servir en las **fuerzas armadas**. Pueden respetar las leyes y conocer sus derechos. Todas esas cosas son parte de los deberes cívicos.

Quizá aún no puedas hacer todas esas cosas. Pero hay otras maneras de servir a tu comunidad. Tú tienes tus propios deberes cívicos.

Estos hilos, tejidos, forman un tapiz.

Estas personas sirven en un jurado.

¿De dónde vino?

La palabra *civismo* viene de dos palabras o frases latinas. La primera es *civis*, que significa ciudadano de la antigua Roma. La segunda es *corona civica*, un tipo de corona que se le entregaba a alguien que le salvaba la vida a otro. La corona mostraba que esa persona ayudaba a la gente de su comunidad.

Salta a la ficción

La mañana de Ali

"¡Sí! Si corro, no llegaré tarde a la escuela otra vez", gritó Ali. Tomó su mochila y salió como un rayo hacia la calle. Corrió tan rápido como se lo permitían las piernas. Ya había recibido una advertencia por llegar tarde. ¡Podrían echarlo del equipo de atletismo! Esta era su última oportunidad y no iba a arruinarla.

A medida que Ali ganaba velocidad, la brisa fresca le despeinaba el cabello, y él se imaginaba que era un campeón de atletismo corriendo por la pista. Correr era su deporte favorito. Ali suspiró y se prometió a sí mismo: "Algún día seré campeón de los Juegos Olímpicos". Pero primero debía llegar a la escuela.

Ali se detuvo de repente cuando vio al Sr. Patel, un anciano que era su vecino, tendido en medio de la calle. Venía un carro. ¡El conductor podría pasar sin verlo!

Ali se paró en medio de la calle, tomó su mochila amarilla y la agitó sobre su cabeza como si fuera una bandera. Se quedó junto al Sr. Patel y siguió agitando la mochila hasta que el carro se detuvo. Luego, con cuidado, Ali ayudó a su vecino a ponerse de pie. Tomó el bastón que estaba tirado en el suelo y se lo dio al Sr. Patel. Luego, lo ayudó a caminar hasta la acera y se aseguró de que no estuviera herido.

—Gracias, muchacho —dijo el Sr. Patel—. Y ahora vete, o llegarás tarde a la escuela.

Ali suspiró suavemente. Ya sabía que era tarde. Y sabía que podían echarlo del equipo de atletismo. Pero, aunque estaba triste, también sabía que había hecho lo correcto. Se echó la mochila al hombro y corrió el resto del camino hasta la escuela.

Vuelve al texto de no ficción

Tú y tus deberes cívicos

Tú perteneces a muchos lugares. Perteneces a una familia y a un grupo de amigos. Perteneces a una escuela y a una comunidad. También perteneces a lugares más grandes, como tu estado, tu país e incluso al planeta. Tienes el deber de ayudar y servir en todos esos lugares.

Puedes ayudar de muchas maneras. Al igual que los miembros de una familia, los buenos miembros de una comunidad se preocupan por los demás. Puedes ayudar a un vecino viejito a quitar la nieve. O puedes ayudar a estudiantes menores que tú con las tareas de la escuela. Todos pueden hacer algo. Las pequeñas cosas se suman y hacen una gran diferencia. Cuando las personas se unen, ¡pueden suceder grandes cosas!

Todos pueden y deberían cumplir con sus deberes cívicos. Algunas personas hacen grandes esfuerzos para mejorar el mundo que las rodea. Muestran qué significa cumplir con sus deberes cívicos por el bien de todos. Los próximos capítulos destacan a algunos de esos líderes cívicos.

¿Cuál uso?

Algunas personas usan el término "responsabilidad cívica". Otros, "virtudes cívicas". También puedes ver "compromiso cívico". Todos esos términos significan lo mismo: que las personas tienen responsabilidades.

Piensa y habla

¿Cómo muestran estos niños su responsabilidad cívica? ¿Puedes encontrar más de una manera?

Figuras famosas

> "Solos podemos hacer muy poco;
> juntos, podemos hacer mucho".
> —Helen Keller

Helen Keller tuvo una enfermedad muy grave cuando era bebé. La enfermedad le quitó la audición y la vista. Su mundo se volvió oscuro y silencioso. A medida que fue creciendo, Keller trabajó para mejorar los demás **sentidos**: el tacto, el olfato y el gusto. Aprendió a comunicarse con los demás. A pesar de todos los problemas que tenía, Keller enfrentó el desafío.

Keller usa la mano para saber qué dice su amiga.

Keller trabajó para mejorar la vida de otras personas. Escribió libros sobre la paz. Viajó por el mundo e inspiró a las personas para que lucharan por los derechos de las mujeres y de los niños. Las personas la escuchaban cuando hablaba. Keller cambió la manera de pensar sobre las **discapacidades**. Con coraje, mejoró el mundo que la rodeaba.

Las habilidades de Keller

Keller aprendió a leer en **braille**. Les tocaba la cara a las personas para leerles los labios. Aprendió a hablar moviendo la boca como lo hacían los demás cuando ella los tocaba. Aprendió a sentir las vibraciones producidas por los movimientos para saber si había alguien cerca.

> **"Una vida no es importante excepto por el impacto que tiene en otras vidas".**
> **—Jackie Robinson**

Jackie Robinson fue un gran jugador de béisbol. Fue **reclutado** para jugar en las Grandes Ligas del Béisbol (MLB, por sus siglas en inglés). Durante mucho tiempo, la MLB había estado en contra de que los afroamericanos jugaran en ese nivel. Robinson usó esta oportunidad para romper las barreras.

No fue fácil para él. Las personas lo atacaban. Le gritaban y lo insultaban. Aunque le resultaba difícil, Robinson contenía el enojo. No se defendía. Trataba de ignorar a esas personas y de enfocarse en el béisbol. Usaba todas sus fuerzas para mantener la calma. Robinson sabía que estaba jugando por algo más que por él mismo. Pensaba en los demás por sobre lo que él quería.

Su determinación y su paciencia dieron resultado. Robinson ganó varios premios y fue uno de los mejores bateadores de la historia. Y lo que es aún más importante: se convirtió en un héroe por defender los **derechos civiles**.

Retirar a Robinson

En 1997, la MLB dijo que el número de Robinson iba a ser **retirado**. Eso significaba que ningún otro jugador podría usar el número 42. Era una manera de honrar a Robinson. Él es el único jugador de la MLB cuyo número se ha retirado para todos los equipos.

Robinson da un discurso sobre los derechos civiles en 1960.

Piensa y habla

¿Qué crees que piensa la autora sobre los derechos civiles? ¿Qué evidencia del texto apoya tu idea?

Políticos poderosos

> "La primera responsabilidad de cada ciudadano es cuestionar la autoridad".
>
> —Benjamin Franklin

Benjamin Franklin es uno de los **Fundadores** de nuestro país. También se le conoce como el fundador del civismo. Franklin dedicó la mayor parte de su vida al servicio cívico. Esperaba poder mejorar la vida de todas las personas.

Franklin valoraba el esfuerzo. Convenció a las personas de que trabajaran juntas para servir a sus comunidades. Recaudó dinero para que se hicieran mejores caminos. Ayudó a fundar una universidad. Franklin incluso creó uno de los primeros servicios de bomberos del país.

Franklin también valoraba la educación. Cuando supo que algunas personas no tenían dinero para comprar libros, se preguntó cómo iban a hacer para aprender. Entonces, abrió la primera biblioteca que prestaba libros. Su vida de servicio mejoró la vida de muchas personas. Sus ideas siguen mejorando la vida de muchos aún hoy.

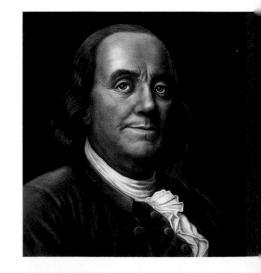

Franklin en 1736

El club de bomberos de Franklin

El servicio de bomberos de Franklin se llamaba Union Fire Company. Los miembros del club prometían ayudarse unos a otros para apagar los incendios. El club fue un gran éxito. En poco tiempo abrieron clubes de bomberos por toda la ciudad de Franklin.

> **"Creo en la promesa de Estados Unidos".**
> **—Ileana Ros-Lehtinen**

Ileana Ros-Lehtinen nació en Cuba. Se mudó a Estados Unidos cuando tenía siete años. Se esforzó mucho y fue una buena estudiante. Con el tiempo, obtuvo un título avanzado en educación. Luego, abrió su propia escuela. Pero eso no fue todo. Quería tener un impacto cívico más grande.

Ros-Lehtinen se presentó como candidata para ocupar una banca en el senado de Florida. ¡Y ganó! Siete años después, ganó una elección muy especial. Se convirtió en la primera mujer latina en ser elegida para el **Congreso** de EE. UU. También fue la primera persona de Cuba en ser elegida para el Congreso. Y fue la primera mujer republicana de su estado en servir de esa manera.

En total, Ros-Lehtinen fue elegida para integrar el Congreso 14 veces. Se jubiló en 2019.

Ros-Lehtinen trabajó mucho por las personas de su estado.

> **"Solos no logramos nada en este mundo".**
> **—Sandra Day O'Connor**

A Sandra Day O'Connor le encantaban los caballos y el campo. Cuando era niña, ayudaba en el **rancho** de su familia. Veía que las pequeñas decisiones que se tomaban en el rancho podían tener un gran impacto. O'Connor se dio cuenta de que sucedía lo mismo con las tierras públicas cercanas al rancho. Las pequeñas acciones que realizaba el gobierno para cuidar las tierras también tenían un gran impacto. O'Connor pensaba que eso era algo bueno.

O'Connor frente al edificio de la Corte Suprema en 1981

O'Connor fue a la universidad y estudió derecho. Pero, cuando se graduó, nadie quería contratar a una abogada mujer. Entonces, O'Connor decidió brindar gratis sus servicios como abogada. Más adelante, trabajó como abogada para el gobierno del estado de Arizona. Luego, fue elegida para el senado del estado de Arizona. Después de mucho trabajo, se convirtió en uno de los miembros de más alto rango. Luego, en 1981, fue **nominada** para la Corte Suprema de EE. UU. La Corte Suprema es el tribunal más alto del país. O'Connor fue la primera mujer en ser miembro de la Corte Suprema de EE. UU. Sirvió en el tribunal durante 25 años. Después de jubilarse, ¡O'Connor fundó una organización que hace videojuegos para enseñarles educación cívica a los niños!

O'Connor en 2005

Estudiantes comprometidos

> "Aprendí que nunca eres demasiado
> pequeño para marcar la diferencia".
> —Greta Thunberg

Greta Thunberg tenía ocho años cuando vio una película en la escuela. La película mostraba cómo el **cambio climático** afecta a todos los seres vivos. El sufrimiento de los osos polares la conmovió hasta las lágrimas. No podía dejar de pensar en lo que había visto. La ponía triste. También la enojaba. Thunberg quería saber cómo podían ayudar las personas. Durante los años siguientes, leyó libros y aprendió más sobre el cambio climático. No podía aceptar que no se hiciera nada para resolver un problema tan importante.

Las acciones de Thunberg inspiraron a millones de personas a protestar contra el cambio climático.

GRETA THUNBERG
THE POWER OF YOUTH

La pasión de Thunberg

Cuando Thunberg era pequeña, le dijeron que tenía síndrome de Asperger. Las personas que tienen Asperger tienden a enfocarse en una idea a la vez. Thunberg se enfocó en el cambio climático.

Thunberg fue la Persona del Año de la revista *TIME* en 2019.

Thunberg decidió ocuparse personalmente del asunto. Se sentó fuera de las oficinas del gobierno de Suecia con un cartel que decía "Huelga escolar por el clima". Las personas la escucharon. Muchos también quisieron ayudar y nació un movimiento mundial. Los líderes de distintas naciones del mundo se sintieron inspirados y prestaron atención al problema gracias a la voz de una personita muy joven.

> **"Juntos podemos cultivar la paz, nutrir la esperanza y cambiar el mundo: un niño a la vez".**
>
> **—Pennies for Peace**

En 1995, dos maestras oyeron un discurso sobre la vida de muchos niños en Pakistán. Y quisieron ayudar. Las maestras compartieron con sus estudiantes lo que habían oído. Los estudiantes se enteraron de que no todos los niños podían ir a la escuela. Algunos lugares no tenían escuelas o les faltaban útiles escolares básicos, como lápices.

estudiantes en Pakistán

Los estudiantes decidieron ayudar. Reunieron muchas monedas. ¡Lo que reunieron sirvió para construir una escuela! Pero los estudiantes no se detuvieron allí. Hicieron correr la voz sobre su proyecto. Otros estudiantes de todo el país también juntaron monedas. Enviaron el dinero a personas de otros países que lo necesitaban. Los estudiantes formaron un grupo llamado Pennies for Peace [Centavos para la paz]. Hoy en día, cientos de escuelas son parte de Pennies for Peace.

Aún más

Pennies for Peace hace aún más que construir escuelas y comprar útiles escolares. Apoyan a los maestros y les dan **becas** a los estudiantes. Ofrecen entrenamiento laboral para las mujeres. ¡También apoyan la medicina pública!

Hacer tu parte

Un buen miembro de una comunidad se preocupa por el mundo que lo rodea. Cumple con sus deberes cívicos para que el mundo sea un lugar mejor. Todos tenemos el poder de marcar la diferencia. Solo debemos hacerlo un paso a la vez.

A medida que crezcas, tendrás cada vez más deberes cívicos. Tendrás que pagar más impuestos cuando seas adulto. Tal vez sirvas en las fuerzas armadas. Pero, incluso ahora, hay responsabilidades que tienes en tu comunidad y en tu país. Debes mantenerte informado sobre lo que sucede en el mundo. Puedes protestar contra la injusticia. Puedes defender lo que crees que es correcto. Todas esas cosas son importantes. Todas esas cosas pueden marcar la diferencia en el mundo.

Estas personas reciclan cosas.

Imagina que estás junto a un estanque. Ahora, imagina que lanzas una piedrita al estanque. ¿Qué ves? Primero, la piedrita salpica un poco cuando cae al agua. Luego, se forman ondas. Al principio, las ondas son círculos pequeños. Luego se hacen cada vez más grandes porque el impacto de la piedrita afecta a todo el estanque.

Piensa y habla

¿Qué crees que piensa la autora sobre los deberes cívicos? ¿Qué datos del texto apoyan tu idea?

Como las ondas que produce la piedrita, las pequeñas cosas son importantes. Las pequeñas acciones tienen un gran impacto. Todos podemos influir en nuestro vecindario y en la comunidad en general. Podemos apoyarnos unos a otros. Juntos, podemos demostrar que nos importan los demás. Juntos, podemos hacer del mundo un lugar mejor.

Glosario

becas: dinero que reciben algunos estudiantes para ayudar a pagar su educación

braille: un sistema de escritura en el que las letras se representan con puntos en relieve

cambio climático: el cambio en las temperaturas mundiales que, según se cree, es causado por el aumento de determinados gases en la atmósfera

Congreso: la parte del gobierno que está compuesta por el Senado y la Cámara de Representantes, y que se encarga de hacer las leyes

derechos civiles: los derechos que deberían tener todas las personas sin importar su religión, su raza o su género

discapacidades: condiciones que limitan o dañan las capacidades mentales o físicas de las personas

fuerzas armadas: las organizaciones militares de un país, como el ejército, la fuerza naval y la fuerza aérea

Fundadores: las personas que tuvieron un rol importante en la creación del gobierno de Estados Unidos

nominada: elegida formalmente para un puesto, un trabajo o un cargo

rancho: una granja grande donde se crían animales

reclutado: convocado para hacer algo

retirado: que ha dejado de usarse o de producirse, o que ya no presta un servicio

sentidos: los cinco poderes naturales (olfato, vista, oído o audición, tacto y gusto) a través de los cuales las personas reciben información sobre el mundo que las rodea

Índice

Civismo en acción

Todos tenemos deberes cívicos. Como parte de sus deberes cívicos, las personas siguen las reglas de la comunidad y votan. Respetan las leyes y hacen trabajo voluntario en su comunidad. ¡Algunas personas incluso ayudan al mundo!

1. Piensa en algo que te gustaría que sucediera en tu escuela. Puede ser un cambio, un evento especial o un proyecto especial.

2. Piensa distintas maneras en que podría ponerse en práctica tu idea.

3. Diseña un plan para llevar a cabo tu idea.

4. Comparte tu idea con un amigo para ver si le gusta o si tiene sugerencias para mejorarla.

5. Si te sientes inspirado, ¡pon tu plan en acción!